Paroles De Danse

Paroles De Danse

Pensées pour élèves, interprètes et enseignants de danse.

Francisco De La Calleja

Les Productions Elle Danse Avec Lui

ISBN: 978-0-9959836-5-6

©2019 Les Productions Elle Danse Avec Lui
Première édition. Tous droits réservés.

Aucune partie de ce livre ne peut être reproduite, entreposée dans un système de récupération, ou transmise ou diffusée sous quelque forme ou par quelque moyen que ce soit, électronique, mécanique, photocopie, enregistrement sonore ou vidéo sans la permission écrite de l'éditeur.

Les Productions Elle Danse Avec Lui
C.P. 3301 Station Lapierre
Lasalle (Montréal), QC
H8N3N4
CANADA

Dépôt légal 2019
Bibliothèque et Archive Canada
Bibliothèque Nationale du Québec

À ma première enseignante de danse,
Antonieta Cortés Bareño.
Tes paroles furent le premier rythme que j'ai appris à suivre.

Table de matières

Remerciements 11

Comment ce livre a été créé..12

Vivre 15

Apprendre..23

Interpréter...43

Enseigner..55

Crédits des photos..76

Au sujet de l'auteur..77

Remerciements

L'inspiration a des sources multiples et variées.

Je veux exprimer ma gratitude et admiration a des penseurs et communicateurs de tous les domaines comme Robert Fulghum, (cowboy, ministre Unitarien, professeur d'art) Yogi Berra, Roger Staubach, Johan Cruyff, Emil Zatopek, (athlètes) Henry Ford, (industrialiste) Mark Twain, Wayne Dyer, Og Mandino, Nikos Kazantzakis, Dale Carnegie, (écrivains) Wilbur et Orville Wright, Richard Bach, Stephen Coonts, Antoine de Saint-Exupéry, (pilotes d'avion), Barrett Tillman, (historien militaire) Serge Brosseau, (courtier immobilier) Jasmine Roy (comédien) et le Dr. Gordon Livingstone (psychologue).

Aucun d'entre eux est ou était enseignant de danse mais leur amour pour les mots m'inspire à continuer à apprendre comment parler, enseigner et motiver.

Comment ce livre a été créé

Quand j'ai commencé à danser à l'âge de quinze ans, mon monde a changé. La danse a fourni un but et une importance à ma vie en me donnant un sentiment d'identité et d'accomplissement. J'aimais la façon dont ma professeure m'a inspirait. Je voulais être comme elle. Alors, peu de temps après mon dix-septième anniversaire, j'ai obtenu ce que je pensais allait être un emploi d'été dans un studio de danse sociale qui offrait de la formation gratuite pour les enseignants sans aucune expérience requise.

À l'automne, je ne suis pas retourné à l'école. J'étais obsédé par l'idée de devenir un bon professeur de danse. Je passais tout mon temps au studio mais, étant nouveau, je n'enseignais pas beaucoup. Je m'entraînais avec les autres instructeurs, je pratiquais tout seul, je nettoyais les miroirs et les toilettes, préparais le café, et surtout je regardais les autres professeurs enseigner et observais les danseurs professionnels répéter.

J'ai quitté la maison de mes parents et je me suis installé dans une pièce au sous-sol de la maison que les directeurs du studio louaient dans la banlieue de la ville. Je voulais vivre avec des gens qui croyaient que l'enseignement de la danse était une carrière digne. Je vivais mes rêves.

Un matin, nous étions tous assis dans la cuisine à boire du café. C'est alors que je l'ai vu. Une tasse souvenir couverte d'écriture colorée. Curieux, je l'ai pris dans ma main et l'ai lu. Il s'agissait de proverbes de danse : **l'étoffe de laquelle l'art est faite** de Shaw, **les athlètes de Dieu** d'Einstein, **Nous**

vivons parce que de Noureïev, et le ***dieu qui pourrait danser*** de Nietzsche, entre autres.

Je me suis rendu compte que ce qui avait rendu ma première professeure de danse si bonne à mes yeux était la façon dont ses mots étaient mémorables, comme les proverbes sur la tasse. Ainsi, je me suis donné la tâche d'écouter et d'étudier avidement chaque mot prononcé par mes instructeurs et mes collègues.

Avec le temps, je me suis rendu compte que je pouvais aussi créer des phrases mémorables si je observais les réactions de l'élève à ce que je disais, si je m'écoutais un peu plus moi-même et surtout si je parlais avec nul autre désir que celui d'aider mes élèves.

Les semaines se sont transformées en mois et l'adolescent timide et bégayant avec l'accent étranger que j'étais a lentement commencé à devenir un danseur compétent, un communicateur confiant et un instructeur de danse crédible. Les mois se sont transformés en années de danse, d'apprentissage et d'enseignement. Un jour, un ancien collègue, qui ouvrait une école de danse m'a offert le poste de formateur de professeurs, pour aider les nouveaux instructeurs à mettre leur passion et leur dévouement en mots.

Les années se sont transformées en décennies et je me suis progressivement rendu compte de l'impact que mes paroles avaient sur mes élèves, interprètes, stagiaires et collègues. Et un jour, une amie proche m'a dit: «Francisco, qu'est-ce que tu attends? Écris tout ça ! Ce sont, en vérité, des Paroles de Danse ».

Vivre

*Tous les êtres humains arrivent dans ce monde
capables de danser.
Mais seulement les passionnés, les entêtés,
les rebelles, les illuminés et les fous
restent danseurs toute leur vie.*

*La voix intérieure qui te dit: "Danse!"
n'est pas ta conscience. C'est ta vie.*

*La lumière d'une seule danse
peut illuminer toute une vie.*

*Il n'y a pas un seul problème dans ta vie
qui ne peut pas être aidé par la danse.*

*La danse peut aider la personne que tu es
à rencontrer la personne que tu veux être.*

*Jouit de ta vie.
Quelle tristesse si l'épitaphe sur ta tombe lisait :
« Dommage, j'aurais dû apprendre à danser ».*

Nous ne dansons pas pour fuir la vie.
Nous dansons pour vivre la vie.

Il n'y a rien de plus éphémère qu'une danse,
ni aussi éternel que ses effets.

Les danseurs ne sont jamais solitaires.
Dans leur cœur,
l'univers tout entier danse avec eux.

*Les danseurs vivent dans un monde de rythme,
émotion et mouvement qui disparait
à l'instant même qu'ils arrêtent de bouger.*

*Le plancher est la toile du danseur,
son corps son pinceau, la vie son atelier
et son imagination ses couleurs.*

*Le jour que tu quitteras ce monde,
tu le feras avec un sourire
si tu sais que tu as assez dansé.*

Apprendre

*Débutant, intermédiaire, avancé, professionnel,
pour spectacle, pour compétition...
Il n'y a pas de petits cours de danse.*

*Il est possible d'apprendre à danser sans habilités,
mais pas sans désir et connaissances.* [1]

*Tu apprends ou enseignes avec ta pensée.
Tu danses avec ton cœur.
Ton corps est là seulement pour te montrer
ce que tu penses et ce que tu ressentes.* [2]

---

[1] Paraphrase de l'original des frères Wright : « Il est possible de voler sans moteurs mais pas sans connaissances et habilités. »
[2] Inspiré de l'originale de Johan Cruyff : « Tu joues au football avec ta tête. Tes jambes sont là pour t'aider. »

Le talent ne peut pas être vu, entendu, senti, goûté, acheté, emprunté, copié, brisé, volé, tué ni détruit. Il appartient dans le même groupe d'idées que la chance, la destinée ou les licornes : il n'existe pas ! [3]

Si tu dois absolument utiliser le mot, le talent est un autre nom pour le désir d'apprendre et de s'améliorer.

Lorsque les gens prétendent « voir » le talent, ils ne voient que les effets du désir, de la persévérance et de l'amour.

---

[3] Inspiré par le discours du Colonel Haldane au sujet de la chance dans *The Intruders* de Stephen Coonts

*Si la musique est l'arrangement des sons et des silences,
la danse est la combinaison
des mouvements et des pauses.*

*En tant que danseur tu dois toujours te souvenir
que tu fais aussi partie de l'orchestre.*

*Quand tu danses ton but n'est
ni de danser sur la musique ni avec la musique.
Ton but c'est d'être la musique.*

*Nous, les êtres humains, essayons toujours
d'écouter nos corps. Mais quand nous dansons,
c'est nos corps qui nous écoutent.*

*Dans la danse ta pensée peut peut-être
apprendre plus rapidement,
mais ton corps apprend toujours mieux.*

*Chaque fois que tu prends un cours de débutant tu ne
vois pas seulement ce que tu as manqué la première fois.
Ton enseignant voit lui aussi
ce qu'il a manqué la première fois.*

*La danse en couple est un sport d'équipe
et ton partenaire n'est pas ton adversaire
mais ton seul et unique coéquipier.*

*Quand tu écoutes tes enseignants,
tes élèves, ou ton partenaire,
garde ta bouche bien fermée et ton esprit grand ouvert.*

*Dans la danse en couple personne ne peut jamais
être meilleur que son partenaire.*

*Ce qu'un enseignant appelle une erreur au niveau un,
le même enseignant va l'appeler du style au niveau six.*

*Quand tu te donnes des objectifs,
ne sois pas une copie, même de tes idoles.
Il n'y a rien de plus merveilleux dans cette vie
que d'être diffèrent.*

*Le jour que tu danseras exactement comme ton
professeur, c'est que tu as appris tout ce qu'il sait.
C'est alors le moment d'apprendre
tout ce que tu peux savoir.*

Remets tout en question.
Surtout tes propres questions.

T'interroger sur ce que tu présumes être vrai
te conduira à une vérité plus claire.

Tes seules questions stupides
sont celles que tu ne poses pas.

Tes questions changent la manière
dont ton instructeur t'enseigne de la même façon que ses
réponses changent ta manière de danser.

*Tu ne risques jamais de te tromper
si tu n'es pas prêt à prendre le risque
d'apprendre quelque chose de nouveau.*

Ceux qui ne risquent rien risquent tout.

*La friction de tes rêves contre la réalité
c'est ce qu'on appelle la frustration.
Elle n'est pas un signe d'échec, mais de changement.*

Interpréter

Récital, mariage, mi-temps, club, festival, compétition, Hollywood, Broadway…
Il n'y a pas de petits spectacles non plus.

C'est l'heure du spectacle !
Merde ! Mais s'il te plait,
ne piles pas dedans.

Les trophées et médailles d'or ne se gagnent pas sur scène, mais sur le plancher de répétition. Les compétitions, par contre, elles se gagnent au plus profond de ton cœur.

Nous pouvons assumer le titre de champions de compétition ou enseignants experts seulement quand nous reconnaissons le fait de s'avoir hissé sur les épaules de géants.

N'attends pas la médaille d'or pour être heureux.
Sois heureux de pouvoir compétitionner.

N'assume pas que tu as une avantage
parce que tu es le champion en titre.
Les juges regardent comme tu danses aujourd'hui,
non comme tu as dansé la semaine passée.

Il est inutile de triompher sur ton adversaire
si tu ne te vainques pas toi-même.

La pratique ne fait pas la perfection.
La pratique fait l'habitude.
La pratique et la compréhension font l'amélioration.

Ne répètes pas jusqu'à réussir à bien faire.
Répète jusqu'à que tu sois incapable
de te souvenir de la sensation de mal faire.

Le Talent danse parfois avec la Chance
mais à n'importe quel moment,
le meilleur couple sur la piste c'est
Connaissance qui danse avec Persévérance.

« L'échec n'est pas une option ! »
Voilà un très bon plan pour abandonner.

Il n'y a pas de petits rôles
dans une chorégraphie de groupe.
Si le dernier danseur de la dernière rangée
commet une erreur,
personne ne regarde le danseur principal.

*Tu seras un bon interprète
quand tu seras capable d'aimer et respecter
la danse, ton public et toi-même à parts égales.*

*Tu es sur scène pour danser cette chorégraphie
parce qu'il n'y a pas une autre personne au monde
capable de la danser tel que tu la danses.*

*Après quelques minutes la foule aura déjà oublié
les pas que tu as dansé sur scène.
Mais ils n'oublieront jamais
comment ta présence les a fait sentir.*

Sur scène,
peu importe combien tu veux faire de plus,
tu peux danser seulement
ce que ton esprit et ton corps savent danser.

Le jour du spectacle
ta danse ne sera pas à la hauteur de l'occasion.
Simplement elle tombera par défaut
à ton niveau d'entrainement. [4]

---

[4] Paraphrases du Credo des pilotes de chasse dans *The Sixth Battle* de Barret Tillman.

*Si tu veux faire carrière en danse
j'ai des mauvaises et des bonnes nouvelles pour toi.
Les mauvaises nouvelles :
Tu ne finiras jamais d'apprendre.
Et les bonnes nouvelles :
Tu ne finiras jamais d'apprendre.*

Enseigner

La danse est un art.
Son enseignement est une science.

L'enseignement de la danse est la science
de faire remarquer ce qui est déjà évident.

Dans l'enseignement de danse les pas sont
peut-être précieux mais les idées n'ont pas de prix.

Un cours de danse réussi
est celui dans lequel autant l'élève que l'enseignant
ont appris quelque chose.

*Un bon instructeur ne va pas impressionner ses élèves
avec ses habilités de danseur.
Mais il va les éblouir
avec leurs capacités d'apprentissage.*

*Avant de mettre à défi
les capacités d'apprentissage de leurs élèves,
les bons instructeurs mettent à défi
leurs propres capacités d'enseignement.*

*Un cours sans un objectif bien défini
est un échec même avant de commencer.*

*Le but principal d'un instructeur de danse
est de rendre l'élève consciente d'une amélioration
entre le début el la fin du cours.*

*Dans un cours de danse
le plan est souvent la première victime de la réalité.*

*En tant qu'instructeur,
tout ce que tu dis lors d'un cours de niveau débutant
peut et va être tenu contre toi
lors d'un cours de niveau avancé.* [5]

---

[5] Paraphrase de la carte d'avertissement Miranda.

Dans les cours de danse il n'y a pas de mauvais élèves.
Il y a seulement des instructeurs peu efficaces.

N'importe qui peut enseigner comment danser à
un élève qui a déjà des bonnes capacités.
Un élevé « non doué », par contre,
a besoin d'un vrai enseignant.

*N'aie pas peur
de partager tes connaissances.
Si tu continues à apprendre
tu n'en manqueras jamais.*

*Si quelqu'un te vole tes idées,
souviens-toi qu'il ne peut pas
te soustraire le plus beau bijou du trésor :
ta créativité.*

Si, quand tu enseignes la danse,
tes corrections ne donnent pas le résultat escompté,
c'est que tu corriges la mauvaise erreur.

Ta générosité, empathie et optimisme
ne peuvent pas s'inscrire dans ton curriculum vitae.
Mais lors d'un cours de danse,
elles sont bien plus impressionnantes
que des trophées et des médailles d'or.

*Un enseignant efficace
n'a pas besoin d'être patient,
car il sait que chaque partie du processus d'enseignement
et d'apprentissage
a son heure et son lieu appropriés.*

*Un bon professeur n'a pas besoin
de patience pour enseigner.
Au lieu de cela, il doit l'enseigner
à des étudiants impatients.*

*Connais-tu la règle d'enseignement du 1:100 ?
Chaque nouvelle idée que tu apprendras
te permettra d'enseigner à une centaine d'étudiants
que tu ne pouvais pas enseigner auparavant.*

*Ne dis jamais à un élève en danse
que tu vas travailler avec lui sur ceci ou cela.
Parle lui plutôt de cette merveilleuse idée
que tu vas partager avec lui.*

*Assure-toi d'enseigner à tes élèves
ce qu'ils connaissent déjà.*

*Lève ta main si tu redoutes d'enseigner certains élèves.
Si ta main est levée,
tu dois également hausser tes normes d'entraînement.*

*Continue à parler à tes élèves de danse
de leur avenir.
Surtout si tu veux avoir un avenir comme instructeur.*

Ne devine pas quand tu enseignes.
Si tu veux avoir l'air d'un vrai enseignant
tu as seulement un essai pour comprendre les choses.

L'intuition est un grand outil d'enseignement
mais seulement quand elle est brandie
par les connaissances et les bonnes intentions
au même temps.

*C'est amusant d'enseigner le cours avancé,
mais enseigne tes débutants
comme si ta vie en dépendait.
Parce que c'est vrai.*

*Autour de dix pourcent de tes élèves
feront des interprètes ou compétiteurs d'élite.
Les autres quatre-vingt-dix pourcent
feront possible ta carrière d'enseignant.*

Crédits des photos

Alfonso, Michael (unsplash.com) Page 16
Alvarado, Cesira (unsplash.com) Page 42
An, Liel (unsplash.com) Page 60
Baila Productions, École de Salsa Page 32
Cerullo, Danielle (unsplash.com) Page 55
Di Cristin, Lorenzo (unsplash.com) Page 68
Haste, Leart V. (pexels.com) Pages 34 et 48
Hoffman, David (unsplash.com) Couverture et pages 2, 12, 18, 23 et 25
Fomenok, Vadim (unsplash.com) Page 20
Gouw, Tim (pexels.com) Page 57
Graham, Drew (unsplash.com) Page 6
Gupta, Pavan (unsplash.com) Page 52
Kepler, Jeff (unsplash.com) Page 40
Lumi, Ardian (unsplash.com) Page 67
Mcclean, Isaiah (unsplash.com) Page 8
Nikidinov (pixabay.com) Page 44
Oliveira, Hian (unsplash.com) Page 64
Pixelia (pixabay.com) Page 29
Rindao Rainier (unsplash.com) Page 62
Zittel, Michael (pexels.com) Page 38

Au sujet de l'auteur

Francisco De La Calleja, auteur et blogueur, est l'un des professeurs de danse latine et formateurs de professeurs de danse les plus expérimentés de la région de Montréal (Canada). Spécialiste de la salsa, son expérience en danse va du folklore mexicain, ballet classique, ballet-jazz, danse sociale et le swing jusqu'au tango argentin, la samba brésilienne et même la danse aérobique et la gymnastique rythmique.

Il a enseigné à plus de vingt et un mille élèves dans six écoles de danse différentes et a dansé, dirigé ou chorégraphié pour plusieurs troupes de danse, ainsi que des films, émissions de télévision, évènements sportifs, vidéoclips et des spectacles en direct, y compris des congrès de salsa à Montréal, Los Angeles, New York, Miami et Porto Rico. Il a été membre de l'équipe Canadienne de salsa de 2002 à 2005.

En 2015, il a entamé une carrière d'écrivain et a déjà signé deux titres: *Paroles de Danse* et le très bientôt disponible *Elle Danse la Salsa... Avec Lui !*, sur les vérités rarement mentionnées sur l'apprentissage, et l'enseignement de la Salsa. Ses prochains travaux, une compilation d'anecdotes sur l'enseignement de la danse et un manuel de formation pour les professeurs de salsa et de danse latine sont attendus pour la fin de 2019.

Vous pouvez en apprendre plus sur son travail et le contacter via son site Web à l'adresse www.shedanceswithhim.com.

www.ingramcontent.com/pod-product-compliance
Lightning Source LLC
Chambersburg PA
CBHW041434010526
44118CB00002B/68